Unternehmerische Risiken und Risikomanagementprozesse

Jana Breitenberger

Bibliografische Information der Deutschen Nationalbibliothek:

Die Deutsche Nationalbibliothek verzeichnet diese Publikation in der Deutschen Nationalbibliografie; detaillierte bibliografische Daten sind im Internet über http://dnb.d-nb.de abrufbar.

ISBN: 9783346723024
Dieses Buch ist auch als E-Book erhältlich.

Druck und Bindung: Books on Demand GmbH, Norderstedt Germany
Gedruckt auf säurefreiem Papier aus verantwortungsvollen Quellen

Das vorliegende Werk wurde sorgfältig erarbeitet. Dennoch übernehmen Autoren und Verlag für die Richtigkeit von Angaben, Hinweisen, Links und Ratschlägen sowie eventuelle Druckfehler keine Haftung.

Das Buch bei GRIN: https://www.grin.com/document/1272698

Einsendeaufgabe

Modul: Unternehmerische Risiken

Alternative B:

Abgegeben am 14.06.2021 über den E-Campus

SRH Fernhochschule

von

Jana Breitenberger

Inhaltsverzeichnis

Abkürzungsverzeichnis

Abb.	Abbildung
bzw.	beziehungsweise
DRS	Deutscher Rechnungslegungs Standard
etc.	et cetera
f	folgend
ggf.	gegebenenfalls
HGB	Handelsgesetzbuch
S.	Seite
Vgl.	Vergleiche

Abbildungsverzeichnis

1. Aufgabe B1: Risikomanagementprozess und mögliche Fallstricke

1.1. Der Risikomanagementprozess

Der Risikomanagementprozess besteht aus mehreren Schritten. Die Grundstruktur findet sich in DIN ISO 31000 und umfasst dabei folgende Kernpunkte, die vollständig integriert werden müssen und nicht als alleinige Komponenten betrachtet werden dürfen:[1]

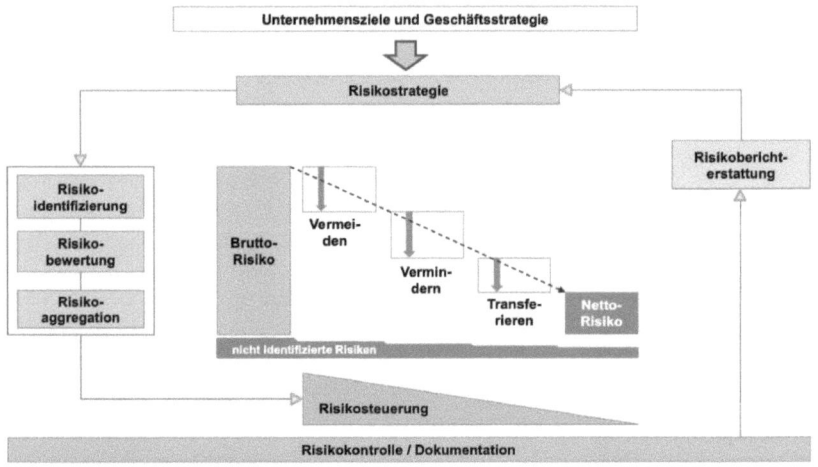

Abb. 1:Risikomanagementprozess.
(Quelle: Mahnke/Rohlfs (2020), S. 9).

Risikostrategie

In der Geschäftsstrategie werden Ziele und Entscheidungen beschrieben, wodurch sich Risiken aus verschiedensten internen und externen Umweltfaktoren ergeben. Die Risikostrategie beschreibt die Fähigkeit des Unternehmens, mit diesen Risiken umzugehen und neu entstehende Risiken zu tragen. Insbesondere schildert die Risikostrategie, welche Auswirkungen die Geschäftsstrategie auf die vorherrschende Risikosituation im Unternehmen hat. Zudem werden Leitlinien zur Gestaltung des Risikomanagementprozess festgelegt. Spricht man dagegen von Risikotoleranz geht es zum einen um Beschränkungen, die sich das Unternehmen selbst auferlegt, was sich das Unternehmen

---

[1] Vgl. *Hoffmann* (2017), S. 17

also erlauben kann und zum anderen um Beschränkungen durch externe Vorgaben, was sich das Unternehmen also erlauben darf.[2]

Risikoanalyse

Aus der Geschäftsstrategie lassen sich alle operativen Tätigkeiten ableiten, woraus sich wiederum Risiken ergeben. Inhalt der Risikoanalyse stellt die Identifikation, Bewertung und ggf. die Aggregation dieser Risiken dar. Damit der Umgang mit diesen Risiken vorgegeben werden kann, müssen diese vorerst identifiziert werden. Hierfür müssen nach Möglichkeit alle Risikobereiche, -ursachen und -objekte erfasst, die Einzelrisiken bestimmt und Risikokategorien bzw. -gruppen gebildet werden. Durch Identifikation der Einzelrisiken können relevante Risiken systematisiert, analysiert und bewertet werden, wodurch sich Unternehmen ein Bild über die Risiken sowie die daraus resultieren Chancen verschaffen können.[3]

Die Kategorisierung der Risiken erleichtert die Risikoanalyse. Unternehmen können so verschiedene Risikoarten mit eigens zugeschnittenen Instrumentarien und Maßnahmen steuern. Um Risiken zu identifizieren, können zum einen Managementmethoden, wie beispielsweise die SWOT-Analyse, Wertschöpfungsketten oder auch die Balanced Scorecard angewendet werden und zum anderen unterstützende Methoden zur Informationssammlung und -generierung. Hierfür eignen sich beispielsweise Checklisten, Dokumentenanalysen oder Szenario-Techniken.[4]

Eine in einem Risikokatalog strukturierte Darstellung sämtlicher bestehender und potenzieller Risiken sowie ihrer Auswirkungen ist das Ergebnis der Risikoidentifizierung. Eine überschneidungsfreie und möglichst konsistente Bestandsaufnahme aller Risiken stellt das Ziel der Risikoidentifizierung dar, es wird somit das Gesamtrisikoprofil des Unternehmens bestimmt.[5]

Durch Festlegung von Wesentlichkeitsgrenzen werden Bedrohungen, die von den Risiken ausgehen, analysiert und in wesentliche, unwesentliche sowie bestandsgefährdende Risiken eingeteilt. Zu beachten ist, dass manche Risiken quantitativ und andere nur qualitativ beurteilt werden können.[6]

Ziel der Risikobewertung soll sein, das Gefahrenpotenzial, das von den identifizierten Risiken ausgeht, transparent zu machen sowie die Wirkung offen zu legen. Durch

---

[2] Vgl. *Mahnke/Rohlfs* (2020), S. 9-10; *Hoffmann* (2017), S. 18
[3] Vgl. *Mahnke/Rohlfs* (2020), S. 10
[4] Vgl. *Knauf/Bender* (2020), S. 24-30
[5] Vgl. *Mahnke/Rohlfs* (2020), S. 10-11
[6] Vgl. DIN ISO 31000:2018-10, S. 20-21

allgemeine Bewertungs- und Beurteilungsmethoden (z.B. Scoring-Modelle, ABC-Analysen, etc.) werden im ersten Schritt die Risiken eingeschätzt. Diese verdichten die unterschiedlichsten Risikoaspekte und können sie einem Rating unterziehen, um eine Priorisierung vorzunehmen. Im zweiten Schritt werden relevante Risiken durch den Einsatz statistischer Methoden und eindeutig definierter Größen intensiver untersucht und bewertet. Die Risikobewertung dient zum einen als Grundlage für die Maßnahmen der Risikosteuerung sowie zur Bestimmung des Risikokapitalbedarfs im Einzelnen bevor anschließend in der Risikoaggregation der Gesamtrisikokapitalbedarf ermittelt wird.[7]

Das Ziel hierbei ist, den gesamten Risikokapitalbedarf eines Unternehmens, der sich auf die Entwicklung von Gewinn und Eigenkapital auswirken kann, zu ermitteln. Die aggregierten Einzelrisiken sind grundsätzlich kleiner als die summierten Einzelrisiken, sofern eine vollständig positive Korrelation ausgeschlossen ist. Dies ist auf die Diversifikation zurück zu führen, wobei zwischen den Einzelrisiken so genannte Risikoausgleichseffekte berücksichtigt werden. Ist der gesamte Risikokapitalbedarf bestimmt schließt sich die Frage an, auf welche Weise das Gesamtrisiko getragen werden kann. Die Antwort stellt das Maß der Risikotragfähigkeit dar, ob also das Unternehmen ausreichend hohes ökonomisches Eigenkapital ausweist und somit Verluste aus Risiken absorbiert werden können, ohne dass existentielle Gefahr für das Unternehmen besteht.[8]

Risikosteuerung

Die Risikosteuerung umfasst Themen der Risikovermeidung, -verminderung und des -transfer. Mittels Risikosteuerung wird versucht, die geplante Soll-Risikosituation herzustellen, damit das Chancen-Risiko-Verhältnis den Zielvorstellungen des Unternehmens entspricht. Im Ergebnis soll die Risikosteuerung sicherstellen, dass der Risikoumfang die angestrebte Risikotragfähigkeit nicht übersteigt. Die aktuelle Risikosituation sollte mit den verbundenen Chancen in Relation gesetzt werden. Es können wirkungs- und ursachenbezogene Maßnahmen unterschieden werden, wobei wirkungsbezogene Maßnahmen darauf abziehen, die Auswirkungen der Risikorealisation zu verringern und ursachenbezogene Maßnahmen darauf abzielen, die Eintrittswahrscheinlichkeit des entsprechenden Risikos zu vermindern bzw. zu vermeiden. Zudem können Risiken an einen Dritten transferiert werden, wodurch zwar das ursprüngliche Risiko bestehen bleibt, aber nicht mehr alleine getragen werden muss. Dieser Transfer kann entweder eine Versicherung darstellen, Kunden, Lieferanten oder auch der

[7] Vgl. *Skorna/Nießen* (2020), S. 52-53
[8] Vgl. *Mahnke/Rohlfs* (2020), S. 12-13, DIN ISO 31000:2018-10, S. 20

Kapitalmarkt selbst. Auch eine Ausgliederung von Gesellschaften kann als Transfer gesehen werden.[9]

Risikokontrolle und Berichterstattung

Risikokontrolle beschreibt ein innerhalb des Risikomanagementprozesses zusammenfassendes und steuerndes Element, das Wirksamkeit und Effizienz des Risikomanagements beurteilt und mögliche erforderliche Verbesserungspotenziale feststellt.[10]

Damit sichergestellt ist, dass eingegangene Risiken tolerierbar bleiben, ist ein unternehmensweites Kontrollsystem zu implementieren. Im Wesentlichen beinhaltet die Risikokontrolle folgende Aspekte:

- Überprüfung der Verhältnismäßigkeit der Maßnahmen, insbesondere den Aufbau und Ablauf des Risikomanagementprozesses betreffend,
- die Sicherstellung, dass alle wesentlichen Risiken vollständig erfasst und angemessen bewertet wurden,
- durchgehende Anwendung von risikorelevanten Maßnahmen,
- Einhaltung integrierter Kontrollen,
- und Kommunikation.

Damit eine spätere Überprüfung vorgenommen werden kann, verlangt die Risikokontrolle eine systematische Dokumentation. Die Risikoberichterstattung berichtet über das Risikoprofil des Unternehmens und teilt sich in interne und externe Berichterstattung. Die interne Berichterstattung berichtet in Abstimmung mit den Unternehmensbereichen an die Geschäftsführung, den Aufsichtsrat und entsprechende Managementebenen. Die externe Berichterstattung hingegen besitzt öffentliches Interesse und folgt gesetzlichen Vorgaben. Besonders der Lagebericht gemäß den §289-289f HGB ist hier bedeutsam, konkretisiert durch den DRS 20[11], welcher für den Einzelabschluss zwar nicht zwingend nötig, jedoch empfohlen wird und somit als Rahmenwerk für eine angebrachte öffentliche Berichterstattung gilt.[12]

---

[9] Vgl. *Mahnke/Rohlfs* (2020), S. 13-14; *Skorna/Nießen* (2020), S. 64; DIN ISO 31000:2018-10, S. 21
[10] Vgl. *Vanini* (2016), S. 286-288
[11] Gesamtheit aller Regelungen, die einen strukturierten Umgang mit Risiken oder Chancen im Unternehmen bzw. Konzern sicherstellen, vgl. DRS 20, Tz. 11
[12] Vgl. *Mahnke/Rohlfs* (2020), S. 15

1.2. Fallstricke des Risikomanagementprozesses

Werden Risiken übersehen oder zu spät identifiziert, kann das zu unternehmerischen Gefahren führen, bis hin zur Existenzgefährdung. Eine späte Korrektur der Fehler erweist sich meist als schwierig und nur mit hohem Kostenaufwand durchführbar, was jedoch oftmals gar nicht mehr möglich ist. Unternehmen sind ständigem Wandel unterzogen und neuen Rahmenbedingungen ausgesetzt, wodurch eine systematische und kontinuierliche Risikoidentifizierung sowie -beobachtung unvermeidbar geworden ist.[13]

Bei der Bewertung von Risiken können durch die Nutzung komplexer Bewertungsmethoden Fehler auftreten, weshalb bestimmte Qualitätsanforderungen gelten. Werden keine anerkannten Risikobewertungsmethoden verwendet besteht die Gefahr der Willkür bei der Bewertung. Auch sollen die Daten im Idealfall aktuell sein. Durch geeignete Steuerungsmaßnahmen kann das Brutto-Risiko auf das beim Unternehmen verbleibende Netto-Risiko reduziert werden. Dennoch besteht die Gefahr, dass trotz umfassender Risikoanalysen Potenziale nicht erkannt werden wodurch diese nicht identifizierten Risiken auch nicht bewusst gesteuert werden können.[14]

2. Aufgabe B2: Berücksichtigung von Umweltfaktoren

Auf den Risikomanagementprozess wirken unterschiedlichste Einflussfaktoren. Unternehmensziele und Strategien, die Risikoeinstellung, mögliche Gefahren oder auch aufsichtsrechtliche Anforderungen wirken sich auf die Ausgestaltung des Risikomanagementprozesses aus. Dem äußeren Umfeld können dabei Einflussfaktoren zugeschrieben werden, die nicht im Einflussbereich des Unternehmens liegen. Dabei handelt es sich beispielsweise um geographische und klimatische Bedingungen, Technologie, Öffentlichkeit, unterschiedlichste Klima (sozial, geschichtlich, politisch) sowie die Wirtschaftslage und Märkte. Da diese bedeutend zur Ausgestaltung der ganzen Geschäftstätigkeit beitragen, lassen sie sich auch auf den Risikomanagementprozess ableiten.[15] Vor allem konjunkturelle Veränderungen und auch eine längerfristig anhaltende Wachstumsdynamik können Absatz- und Beschaffungsmärkte beeinflussen. Da somit auch bedeutende Parameter der Business-Planung im Unternehmen beeinflusst werden ist es

---

[13] Vgl. *Romeike* (2018), S. 55
[14] Vgl. *Mahnke/Rohlfs* (2020), S. 11-14;
[15] Vgl. *Rohlfs* (2016), S. 76

umso wichtiger, die Sensibilität für die Entwicklung relevanter Rahmenbedingungen zu stärken, um bei Bedarf mit geeigneten Maßnahmen gegensteuern zu können.[16] Des Weiteren spielen auch innere Einflussfaktoren eine große Rolle, da sie das Risikomanagement selbst beeinflussen. Allein die Ziele des Unternehmens sowie die Geschäftsstrategie beeinflussen sämtliche daraus resultierenden operativen Handlungen und dadurch auch die Risiken. Unter die internen Einflussfaktoren fallen beispielsweise die Strategie, Machtverhältnisse, Kultur, Risikowahrnehmung, organisatorische Strukturen, Ressourcen und auch Motivation und Bedeutung des Erfolgs.[17] Oftmals können undurchdachte Finanzierungsentscheidungen oder eine falsche Investitionspolitik, ineffiziente Aufbau- und Ablauforganisation und mangelnde organisatorische Integration von Review- und Qualitätsprozessen zu den unterschiedlichsten Krisen führen, was die besondere Bedeutung der Krisenfrüherkennung zeigt.[18]

Risikobehaftete Unternehmensbereiche aufzudecken gehört beim Risikomanagementprozess zum Schritt der Risikoidentifikation und damit zum ersten Teil der Risikoanalyse. Dabei gibt es vier verschiedene Ansätze, um an die Identifikation von internen Risiken heranzugehen:

- Progressiver Ansatz: ausgehend von den Risikoquellen werden die Risiken des gesamten Unternehmens identifiziert, indem die Risikoentstehung so lange zurückverfolgt wird, bis die Ursachen und damit die Risikoquelle gefunden wird. Hierbei werden die Strukturen und Arbeitsweisen im Unternehmen betrachtet.
- Retrograder Ansatz: die Ausgangsbasis bilden hier die Unternehmensstrategie und -ziele. Es werden demnach die Risiken identifiziert, welche sich unmittelbar darauf auswirken. Es wird dabei explizit nach den Risiken gesucht, welche das Unternehmen daran hindert, diese Ziele zu erreichen.
- Top-down-Ansatz: die oberste Managementebene des Unternehmens beginnt mit der Risikoidentifikation, bevor die nachfolgenden Hierarchieebenen die Identifizierung fortsetzen. Die relevanten Risiken können so zügig und mit wenig Aufwand identifiziert werden.
- Bottom-up-Ansatz: hierbei wird mit der Risikoidentifizierung auf der niedrigsten operativen Hierarchieebene begonnen und schlussendlich werden alle relevanten Risiken auf der obersten Managementebene zusammengetragen.[19]

[16] Vgl. *Emmerich/Doll* (2004), S. 53
[17] Vgl. *Rohlfs* (2016), S. 77-78
[18] Vgl. *Emmerich/Doll* (2004), S. 54-55
[19] Vgl. *Knauf/Bender* (2020), S. 22-24

Anschließend gibt es unterschiedlichste Managementmethoden, um das Unternehmen zu analysieren. Je nachdem, ob der Fokus auf den internen oder externen Einflussfaktoren des Unternehmens liegt, werden die Methoden unterschieden. Weiter werden je nachdem auch die Ansätze zur Risikoidentifikation entsprechend gewählt. Liegt der Fokus auf den internen Risiken, werden entweder der retrograde oder der progressive Ansatz gewählt, ansonsten wird das Unternehmen im Wettbewerb oder der globalen Umwelt auf Risiken hin analysiert. Methoden mit internem Fokus sind beispielsweise die Balanced Scorecard, welche die strategische Unternehmensausrichtung betrachtet. Die Risikoidentifizierung wird demnach von den Unternehmenszielen ausgehend durchgeführt und verfolgt somit den retrograden Ansatz. Ausgehend von den Risikoquellen werden Risiken beim progressiven Ansatz identifiziert, beispielsweise bei der Prozesskettenanalyse. Das eigene Unternehmen im Wettbewerb auf Risiken hin zu analysieren, ist mit der Porter`s Five Forces Analyse möglich, wohingegen die Analyse des Unternehmens in der globalen Umwelt beispielsweise mit der PESTEL-Analyse durchgeführt wird. Hierbei steht jeder Buchstabe für eine Makroumwelt des Unternehmens: Political, Economical, Socio-cultural, Technological, Ecological und Legal.[20]

Auch für die Risikoklassifizierung spielen die unterschiedlichen Umweltfaktoren eine Rolle. Gleichartige Risiken werden hierbei vorher festgelegten Klassen zugeordnet. Dieser Schritt bildet die Grundlage für alle darauffolgenden Prozessschritte, insbesondere bei der Bewertung der Risiken, da je nach Risikoklasse unterschiedliche Bewertungsmethoden angewendet werden müssen. Diese Unterscheidung ist wichtig, da nicht für alle Risikoarten ein und dieselbe Bewertungsmethode angewendet werden kann.[21]

Schlussendlich geht es beim Risikomanagement nicht darum, Risiken vollständig zu eliminieren, sondern darum, Risiken zu verstehen, bei Entscheidungen zu berücksichtigen und anschließend so weit zu minimieren, dass man die Risiken eingehen und die daraus entstehenden Chancen realisieren kann.[22] Dennoch gibt es Risiken, deren Eintritt man nicht als Chance sehen kann und die man somit gänzlich vermeiden möchte. Interne und externe Umweltfaktoren spielen somit auch bei der Risikosteuerung eine Rolle. Diese ergreift Maßnahmen, durch welche sich die Eintrittswahrscheinlichkeit und/oder die potentielle Schadenshöhe reduzieren lassen. Insbesondere interne Faktoren können beispielsweise

---

[20] Vgl. *Knauf/Bender* (2020), S. 25-27
[21] Vgl. *Romeike* (2018), S. 55-56
[22] Vgl. *Buchholz/Knorre* (2019), S. 179

durch interne Kontrollsysteme beinahe gänzlich vermieden werden. Mindestens jedoch kann die Eintrittswahrscheinlichkeit durch die frühzeitige Ergreifung entsprechender Maßnahmen reduziert werden.[23] Externe Einflussfaktoren wie politische Stabilität, Streiks, Konsumentenverhalten, Kommunikationstechnologien, Naturkatastrophen oder auch Gesetzesänderungen können am besten mit der PESTEL-Analyse bestimmt und überwacht werden. Vermeiden kann man diese Einflussfaktoren nicht immer, da sie nicht im eigenen Einflussbereich liegen. Mit der regelmäßigen und proaktiven Überwachung und einem verlässlichen Risikomonitoring können etwaige Risiken jedoch leichter durchschaut, vorhergesagt und abgemildert werden.[24]

3. Aufgabe B3: Risikoberichterstattung an externe Adressaten nach IFRS 7

3.1 Unternehmensexterne Anspruchsgruppen und IFRS 7

Zu den unternehmensexternen Anspruchsgruppen gehören Fremdkapitalgeber, Lieferanten, Kunden, Konkurrenten sowie der Staat und die Gesellschaft. All diese Personengruppen sind von den gegenwärtigen oder zukünftigen unternehmerischen Tätigkeiten direkt oder indirekt betroffen und haben daher unterschiedlichste Erwartungen an die Unternehmensführung.[25] Aufgrund dessen muss ein Unternehmen gemäß IFRS 7 seine Angaben so gestalten, dass diese Personengruppen in der Lage sind, Art und Ausmaß der Risiken, welche mit Finanzinstrumenten verbunden sind und denen das Unternehmen ausgesetzt ist, beurteilen zu können.[26] Somit muss gemäß IFRS 7 das Berichtswesen um Angaben ergänzt werden, die sich auf das Ausfallrisiko, das Liquiditätsrisiko und das Marktrisiko beziehen. Angaben zu relevanten Risiken können qualitativer und quantitativer Art sein.[27] Diese Angaben sollen Abschlussadressaten bessere Informationen über die von Unternehmen bilanzierten Finanzinstrumente geben, die sich auf deren Vermögens-, Finanz- und Ertragslage auswirken.[28]

[23] Vgl. *Berger* (2013), S. 74-75
[24] Vgl. *LexisNexis GmbH* (2021)
[25] Vgl. *Thommen* (o. J.)
[26] Vgl. *Schoppengerd* (2017)
[27] Vgl. *nwb Datenbank* (2021), *IFRS* 7.31-7.42
[28] Vgl. *Beck* (2013)

3.2 Risikoberichterstattung

Gemäß IFRS 7.31 muss ein Unternehmen für jede Risikoart, die aus einem Finanzinstrument hervorgeht, sowohl das Ausmaß der Risiken als auch die Art und Weise der Entstehung angeben. Des Weiteren müssen Ziele, Strategien und die jeweiligen Verfahren angegeben werden, wie die Risiken gesteuert werden. Auch die Methoden zur Messung der Risiken fallen unter die Angabepflicht. Die Angaben zum Risikomanagement sollen dabei Folgendes einschließen:

- Struktur und Organisation der Funktionen im Risikomanagement sowie Stellungnahmen insbesondere zu Unabhängigkeit und Verantwortlichkeiten
- Art und Umfang der Berichts- und Bewertungssysteme
- Die gewählten Vorgehensweisen zur Sicherung und/oder Reduzierung von Risiken sowie der Maßnahmen, wenn Sicherheiten hereingenommen wurden
- Die Prozesse zur Effektivitätsüberwachung der Sicherungsmaßnahmen
- Vorgehen zur Vermeidung übermäßiger Risikokonzentration[29]

Generelle Anforderungen zu quantitativen Angabepflichten zeigen Folgende Punkte:

- Die zusammengefassten quantitativen Daten für das Risiko bezüglich des Umfangs zum Abschlussstichtag.
- Die geforderten Angaben zu Ausfall-, Liquiditäts- und Marktrisiko gemäß IFRS 7.37A-7.42
- Entstehung, Feststellung und Merkmalsbeschreibung von Risikokonzentrationen.

Diese Punkte sind für jede aus Finanzinstrumenten resultierende Risikoart anzugeben. Wurden bestimmte Risiken zum Abschlussstichtag glattgestellt, sind weitere Informationen bereitzustellen, die das über das Jahr hinweg bestehende Risiko ausreichend wiedergeben.[30]

3.2.1 Ausfallrisiko IFRS 7.35A-7.38

Hierunter versteht man das Risiko, dass zwei Geschäftspartner ein Geschäft über ein Finanzinstrument eingehen und dieses bei einem der Partner finanzielle Verluste verursacht, da der andere Partner seinen Verpflichtungen nicht nachkommt.[31]

---

[29] Vgl. *Stauber* (2019), S. 510
[30] Vgl. *Stauber* (2019), S. 512-513
[31] Vgl. *Deloitte* (2013)

Bezüglich des Ausfallrisikos muss das Unternehmen für alle Finanzinstrumente die Offenlegungspflichten erfüllen, sofern sie, gemäß IFRS 9, auf Wertminderungen hin überprüft werden müssen. Zudem müssen je Klasse von Finanzinstrumenten folgende Angaben gemacht werden:

- der maximale Ausfallrisikobetrag am Abschlussstichtag. Also ohne Berücksichtigung von risikominimierenden Vereinbarungen oder Sicherheiten.
- Beschreibung der erhaltenen Sicherheiten und risikominimierenden Vereinbarungen, die im maximalen Ausfallrisikobetrag enthalten sind sowie der finanziellen Auswirkung.

Unter bestimmten Voraussetzungen ist für diese Sicherheiten und risikominimierenden Vereinbarungen Art und Buchwert sowie die Veräußerungsform bzw. Nutzungsart im Unternehmen anzugeben.[32]

3.2.2 Liquiditätsrisiko IFRS 7.39

Während ein Unternehmen ohne Gewinn und ohne Rentabilität eine gewisse Zeit bestehen kann, kann es ohne notwendige Liquidität nicht überleben. Der Grund für Liquiditätsschwierigkeiten kann in strategischen Fehlern, hohen Forderungsausfällen sowie in verspäteten Zahlungseingängen liegen.[33]

Grundsätzlich besteht bei der Liquiditätsplanung das Problem, dass zukünftige Zahlungsströme unsicher sind, der Finanzplan jedoch orientiert sich an prognostizierten Zahlungsströmen und berücksichtigt falsch prognostizierte oder unerwartete Ein- und Auszahlungen nicht.[34] Das Liquiditätsrisiko beschreibt somit „das Risiko, dass ein Unternehmen möglicherweise nicht in der Lage ist, die in Zusammenhang mit den finanziellen Verbindlichkeiten eingegangenen Verpflichtungen zu erfüllen"[35].

Demnach müssen die Angaben des Unternehmens zum einen eine Fälligkeitsanalyse sowohl für derivate als auch nicht derivate finanzielle Verbindlichkeiten beinhalten, sowie eine damit verbundene Restlaufzeitengliederung. Des Weiteren muss das Unternehmen den gewählten Risikomanagementansatz beschreiben, wie das damit verbundene Risiko gesteuert wird.[36] Hierunter fallen unter anderem Angaben zu Kreditlinien,

---

[32] Vgl. *Stauber* (2019), S. 515-516
[33] Vgl. *Krah* (2013)
[34] Vgl. *Schöning* (2017), S. 95-96
[35] *Deloitte* (o.J.)
[36] Vgl. *Schoppengerd* (2017); *Deloitte* (o.J.)

Finanzierungsquellen, internen Kontrollverfahren sowie Angaben zu frühzeitiger Rückzahlung von Verbindlichkeiten aufgrund Bonitätsherabstufung.[37]

3.2.3 Marktrisiko IFRS 7.40-7.42

Das Marktrisiko stellt das Risiko dar, dass sich aufgrund von Marktpreisänderungen der beizulegende Zeitwert oder auch die zukünftigen Zahlungsströme eines Finanzinstrumentes verändern.[38]

Zu den Marktrisiken gehören Zinsrisiken, Wechselkursrisiken sowie sonstige Preisrisiken. Hierzu zählen neben Eigenkapital- und Warenpreisrisiken auch Rückzahlungs- und Restwertrisiken.[39]

Bezüglich dieser Marktrisiken der finanziellen Verbindlichkeiten und Vermögenswerte sind gemäß IFRS 7.40 Angaben zu Sensitivitätsanalysen der einzelnen Risiken gefordert. Dies bezieht sich auf alle Finanzinstrumente und alle Arten von Marktrisiken. Des Weiteren bestehen Angabepflichten zu verwendeten Methoden der Sensitivitätsanalysen und etwaiger Änderungen. Wurden in der Berichtsperiode finanzielle Vermögenswerte übertragen, sind im Abschluss allgemeine Angaben zu den übertragenen Vermögenswerten, nicht vollständig ausgebuchte, übertragene Vermögenswerte sowie solche, zu denen weiterhin anhaltendes Engagement besteht, offenzulegen.[40]

Sollten angegebene Risikoanalysen zu einem bestehenden Risiko nicht repräsentativ sein, beispielsweise wenn das Risiko am Abschlussstichtag nicht das des ganzen Jahres widerspiegelt, dann muss das Unternehmen dies ebenfalls angeben.[41]

4. Aufgabe B4: Risikomanagementprozess am Beispiel einer Unternehmensgruppe im Dienstleistungsbereich

Mit zunehmender Digitalisierung und Globalisierung wandeln sich in Industrieunternehmen die klassischen Risiken wie Naturkatastrophen, Feuer und Haftungsschäden rasant. Zudem entstehen neue Risiken wie Datenschutzverstöße und Cyberkriminalität, anhaltend intensiver Wettbewerb verhindert flächendeckende Preissteigerungen.[42]

---

[37] Vgl. *Stauber* (2019), S. 525-526
[38] Vgl. *Deloitte* (o.J.)
[39] Vgl. *Stauber* (2019), S. 528; *Deloitte* (o.J.)
[40] Vgl. *Becker* (2013); *Schoppengerd* (2017); *Stauber* (2019), S. 526-527
[41] Vgl. *Stauber* (2019), S. 527
[42] Vgl. *Aschoff/Heitmann* (2020), S. 89

Auch zukünftig werden Industrieunternehmen hohe Investitionen tätigen müssen, um dem Wettbewerb bei steigender Dynamik gewachsen zu sein. Die wachsende Volatilität der Märkte und steigendes Kostenbewusstsein erhöhen den Druck von Unternehmen, ihr Risikomanagement auf den leistungswirtschaftlichen Bereich auszuweiten.[43]

An erster Stelle geht es bei der Risikoanalyse darum, Zahlungsfähigkeit und den Erfolg des Unternehmens zu sichern. Zu Beginn sollte sich immer die Frage gestellt werden, welche Risiken das Unternehmen beeinflussen, ob sie externer oder interner Natur sind.[44] Es sollten dabei möglichst alle Risiken betrachtet werden, welche für die Branche relevant sind. In Bezug auf den Dienstleistungsbereich könnten dies Folgende sein:

- Marktrisiken: neue Trends, Veränderung von Kundenbedürfnissen, neue Wettbewerber
- Strategische Risiken: neue Technologien, Eintritt in neue Märkte
- Geschäftsrisiken: rechtliche und vertragliche Risiken, falsche Entscheidungen oder Informationen, Verlust wichtiger Mitarbeiter an Konkurrenten
- Finanzielle Risiken: Wechselkurs-, Zinsrisiko
- Operationelle Risiken: Informationstechnik fällt aus, Krankheit von Mitarbeitern, Ausfälle bei externen Dienstleistern
- Umfeldrisiken: politische Entwicklungen[45]

Soll ein Managementsystem in einer Unternehmensgruppe eingeführt werden, muss es unterschiedlichen Ansprüchen gewachsen sein. So müssen zum einen die Bedürfnisse der Gruppenführung als auch die Bedürfnisse der Tochterfirmen berücksichtigt werden. Diese Organisationsstruktur muss auch bei der Einführung eines Risikomanagements beachtet werden. Zunächst gilt es, bei den Unternehmensmitgliedern individuelle Risikoanalysen durchzuführen. Um die wesentlichen Risiken zu identifizieren, sollten zunächst Interviews mit den Mitgliedern der Geschäftsleitung geführt werden. Durch diesen Top-Down Ansatz beginnt die Risikoidentifikation und -bewertung auf Ebene der Geschäftsleitung, wodurch man eine Übersicht der wesentlichen Risiken erhält, die sich thematisch gleichen.[46]

Insbesondere durch die Untersuchung der für das Unternehmen wichtigsten Erfolgspotenziale auf ihre Bedrohungen, können strategische Risiken identifiziert werden.[47] Anschließend müssen die analysierten Risiken bewertet werden. Diese Bewertung ist mit qualitativen (Einteilung in vernachlässigbar, selten, häufig und katastrophal) und

---

[43] Vgl. *TCW* (2003)
[44] Vgl. *Löffler* (2018)
[45] Vgl. *Fleig* (2018)
[46] Vgl. *Montagne* et al (2016)
[47] Vgl. *Gleißner/Wolfrum* (2019), S. 7

quantitativen (eindeutig definierte Größen) Methoden möglich.[48] Die als wesentlich identifizierten Risiken werden in einer „Hitliste" zusammengefasst, woraus abgeleitet werden kann, welches Risiko für sich alleine den Unternehmensbestand gefährden kann. Dargestellt werden können die gesamten Ergebnisse anschließend in einer Risikobewertungsmatrix. Hier werden Eintrittswahrscheinlichkeit und Schwere eines Schadens gegenübergestellt.[49]

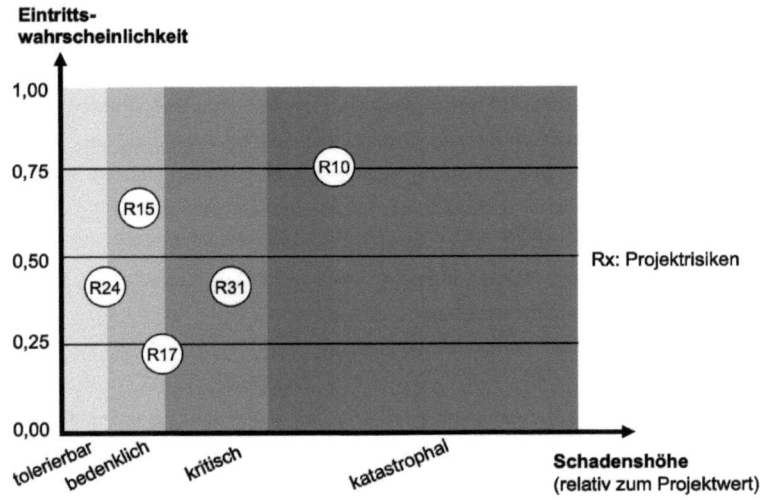

Abb. 2: Darstellung Eintrittswahrscheinlichkeit und Schadenshöhe einzelner Risiken.
(Quelle: *Rezagholi* (2014), S. 99).

Beispielsweise sind neue Trends und die Veränderung von Kundenbedürfnissen Risiken, die mit ziemlicher Sicherheit eintreten werden, man aber als tolerierbar einstufen würde. Wohingegen der Verlust wichtiger Mitarbeiter an Konkurrenten ein eher bedenkliches Risiko darstellt. Die Eintrittswahrscheinlichkeit kann hier vom Unternehmen selbst beeinflusst, aber nie gänzlich eliminiert werden. Dass die Technik ausfällt stellt insbesondere für Dienstleistungsunternehmen ein kritisches Risiko dar, auch die Eintrittswahrscheinlichkeit hierfür ist nicht unbedingt gering. Auch die aktuelle Lage zeigt, dass sich auch mit sehr unwahrscheinlichen Risiken wie einer Pandemie auseinandergesetzt werden sollte. Hier wird auch deutlich, dass sich Risiken beeinflussen können: während einer Pandemie wird

[48] Vgl. *Skorna/Nießen* (2020), S. 52
[49] Vgl. *Gleißner/Wolfrum* (2019), S. 7-8

funktionierende Technik unabdingbar. Geht nun ein für die Technik zuständiger wertvoller Mitarbeiter verloren, erhöht sich das Risiko für einen andauernden Technikausfall erheblich.

Damit die Ergebnisse der Risikobewertung auch genutzt werden können gilt es, Gruppenentscheidungen zu berücksichtigen. Dabei muss unter anderem auf die Diversität der Zusammensetzung von Gruppen und auch auf die Unabhängigkeit untereinander geachtet werden. Weiter sollte auch eine Meinungsgleichberechtigung gewährleistet sein. Durch Einhaltung dieser Grundsätze kann mit geringem Ressourcenaufwand schnell zielführende Ergebnisse erreicht werden, ohne das Auftreten von Kognitionsproblemen (was beim Abschätzen der Risiken durch Einzelpersonen der Fall wäre). Es ist möglich, Risikoidentifikation und -bewertung in den Einzelunternehmen zunächst separat durchzuführen und anschließend auf Gruppenebene zu konsolidieren. Hierfür ist jedoch auf ein einheitliches Verständnis eines Risikos zu achten,[50] um schließlich die Höhe des Gesamtrisikoumfangs zu beurteilen. Durch diese Aggregation der Risiken können auch Kombinationseffekte von Einzelrisiken betrachtet werden und somit auch der Grad an Gefährdung durch alle Risiken zusammen.[51]

Diese Konsolidierung ist zur Risikosteuerung nötig. Hierfür müssen gleiche Risiken auch gleich benannt werden. Nur so lassen sich unterschiedliche Bewertungen herausfiltern. Durch eine anschließende qualitative Konsolidierung können erste Unterschiede in der Risikopriorisierung deutlich werden und die risikoreichsten Themen identifiziert und der Handlungsbedarf priorisiert werden.[52]

Bei der Risikosteuerung werden Maßnahmen zur Vermeidung oder Verminderung definiert, Änderungen von Eintrittswahrscheinlichkeiten erfasst und verfolgt sowie die Maßnahmenwirksamkeit überwacht. Vermieden werden sollten insbesondere Risiken der Klasse „katastrophal" oder auch „kritisch". Manche Risiken können zudem nicht ganz vermieden werden. Deren Eintrittswahrscheinlichkeit sollte man dennoch versuchen weitestgehend zu vermindern.[53] Beispielsweise lässt sich nicht vermieden, dass falsche Entscheidungen getroffen werden, oder der Informationsfluss nicht immer korrekt verläuft. Auch Ausfälle externer Dienstleister lassen sich nicht vermeiden. Das Risikomanagement hat die Aufgabe, diese Entwicklungen zu beobachten und entsprechend zu reagieren, sollte es nötig sein.[54]

---

[50] Vgl. *Montagne* et al (2016); bzgl Risikoverständnis: Gleißner/Wolfrum (2019), S. 7
[51] Vgl. *Gleißner/Wolfrum* (2019), S. 8
[52] Vgl. *Montagne* et al (2016)
[53] Vgl. *Rezagholi* (2014), S. 100
[54] Vgl. *Aschoff/Heitmann* (2020), S. 111

Für spätere Überprüfungen müssen im Rahmen der Risikokontrolle systematische Dokumentationen angefertigt werden.[55]

---

[55] Vgl. *Mahnke/Rohlfs* (2020), S. 15

Literaturverzeichnis

Becker, D. (2013), IFRS 7 – Finanzinstrumente: Angaben. https://www.fas-ag.de/knowledge/ifrs-standards/ifrs-7-finanzinstrumente-angaben/, abgerufen am, 13.06.2021.

Berger, T. (2013), Enterprise Risk Management. 2. Aufl., Studienbrief der SRH Fernhochschule, Riedlingen.

Buchholz, U./Knorre, S. (2019), Interne Kommunikation und Unternehmensführung. Theorie und Praxis eines kommunikationszentrierten Managements, Wiesbaden.

Deloitte (o.J.), IASB Verlautbarungen zu IFRS 7, https://www.iasplus.com/de/standards/ifrs/ifrs7, abgerufen am 10.06.2021.

DIN Deutsches Institut für Normung e. V. (2018), Risikomanagement – Leitlinien (ISO 31000:2018), Berlin.

Fleig, J. (2018), Risikomanagement. Risiken identifizieren, https://www.business-wissen.de/hb/risiken-identifizieren/, abgerufen am 14.06.2021.

Gleißner, W./Wolfrum, M. (2019), Risikoaggregation und Monte-Carlo-Simulation. Schlüsseltechnologie für Risikomanagement und Controlling, Wiesbaden.

Hoffmann, W. (2017), Der Risikomanagementprozess. In: Risikomanagement. DVP Projektmanagement, Berlin, S. 17-52.

Krah, E.-S. (2013), Liquidität: Wie Sie Ihr Unternehmen effizient steuern können, https://www.springerprofessional.de/unternehmensstrategie/cash-management/liquidaet-wie-sie-ihr-unternehmen-effizient-steuern-koennen/6600002, abgerufen am 10.06.2021.

Löffler, H. (2018), Risikoanalyse. Was bedroht Ihr Unternehmen? So erkennen Sie Gefahren, https://www.impulse.de/management/unternehmensfuehrung/risikoanalyse/7304716.html?conversion=ads, abgerufen am 14.06.2021.

Mahnke, A./Rohlfs, T. (2020), Risikomanagement im Unternehmen, in: *Mahnke, A./Rohlfs, T.* (Hrsg.), Betriebliches Risikomanagement und Industrieversicherung. Erfolgreiche Unternehmenssteuerung durch ein effektives Risiko- und Versicherungsmanagement. Wiesbaden, S. 3-18.

Montagne, E./Thomik, M./Köpfli, M./Pizzorusso, M./Baumgartner, M. (2016), Praxisbeispiel: Einführung Risikomanagement. Management von Risiken bei der Zühlke Group, https://www.risknet.de/themen/risknews/praxisbeispiel-einfuehrung-risikomanagement/, abgerufen am 14.06.2021.

NWB Datenbank (2021), IFRS 7 i.d.F. 13.01.2021, https://datenbank.nwb.de/Dokument/Anzeigen/237812/, abgerufen am 30.05.2021.

Knauf, W./Bender, J. (2020), Risikoidentifizierung und -klassifizierung, in: *Mahnke, A./Rohlfs, T.* (Hrsg.), Betriebliches Risikomanagement und Industrieversicherung. Erfolgreiche Unternehmenssteuerung durch ein effektives Risiko- und Versicherungsmanagement. Wiesbaden, S. 19-40.

LexisNexis GmbH (2021), PESTEL-Risikoüberwachung, https://www.lexisnexis.de/begriffserklaerungen/compliance/pestel-risikoueberwachung, abgerufen am 25.05.2021.

Rezagholi, M. (2014), Risikomanagement in der Softwareentwicklung – Verfahren und Anwendung, HMD Praxis der Wirtschaftsinformatik, Jg. 44, Nr. 2007, S. 94-102.

Rohlfs, T. (2016), Risikomanagement im Versicherungsunternehmen. Identifizierung, Bewertung und Steuerung, Karlsruhe.

Romeike, F. (2018), Risikomanagement, Wiesbaden.

Schöning, S. (2017), Liquiditätsrisikomanagement in Unternehmen. In: *Schöning, S./Gögüs, E./Pernsteiner, H.* (Hrsg.), Risikomanagement in Unternehmen, Wiesbaden, S. 95-116.

Schoppengerd, S. (2017), Einzelfragen zu den Angabepflichten des IFRS 7 zu Finanzinstrumenten, https://www.bdo.de/de-de/insights/news-bdo/rechnungslegung-prufung-03-2017/anderung-der-idw-stellungnahme-zur-rechnungslegung-einzelfragen-zu-den-angabepflichten-des-ifrs-7, abgerufen am 30.05.2021.

Skorna, A./Nießen, P. (2020), Risikoanalyse, -bewertung und -steuerung, in: *Mahnke, A./Rohlfs, T.* (Hrsg.), Betriebliches Risikomanagement und Industrieversicherung. Erfolgreiche Unternehmenssteuerung durch ein effektives Risiko- und Versicherungsmanagement. Wiesbaden, S. 41-66.

Stauber, J. (2019), Finanzinstrumente im IFRS-Abschluss von Nicht-Banken. Ein konkreter Leitfaden zur Bilanzierung und Offenlegung, 3. Aufl., Wiesbaden.

TCW Transfer-Centrum für Produktinos-Logistik und Technologie-Management GmbH & Co. KG (2003), Risikomanagement und Rating bei Industrieunternehmen, https://www.tcw.de/news/risikomanagement-und-rating-bei-industrieunternehmen-76, abgerufen am 14.06.2021.

Thommen, J.-P. (o. J.), Anspruchsgruppen, https://wirtschaftslexikon.gabler.de/definition/anspruchsgruppen-27010, abgerufen am 30.05.2021.

Vanini, U. (2016), Risikocontrolling in der Unternehmenspraxis, in: *Becker, W./Ulrich, P.* (Hrsg.), Handbuch Controlling. Wiesbaden, S. 285-301.

BEI GRIN MACHT SICH IHR WISSEN BEZAHLT

- Wir veröffentlichen Ihre Hausarbeit,
  Bachelor- und Masterarbeit

- Ihr eigenes eBook und Buch -
  weltweit in allen wichtigen Shops

- Verdienen Sie an jedem Verkauf

Jetzt bei www.GRIN.com hochladen
und kostenlos publizieren